Le déni climatique

Henri Landes – Thomas Porcher

Le déni climatique

Max Milo
Essais-Documents

Collection Essais-Documents, Paris, 2015
www.maxmilo.com
ISBN : 978-2-315-00702-8

Introduction

À quelques semaines de la 21e conférence sur le climat (COP 21[1]) qui aura lieu à Paris, nous faisons, dans ce livre, un constat sans concession : nous sommes tous climato-sceptiques.

Certes, nous sommes différents de Claude Allègre et des climato-sceptiques traditionnels car nous reconnaissons les causes et les conséquences du réchauffement climatique. Nous sommes bien conscients que la source du problème provient de l'activité humaine et nous en identifions également clairement les conséquences comme les phénomènes météorologiques extrêmes à répétition, la fonte de la calotte glaciaire ou les dizaines de millions de réfugiés climatiques chaque année à travers le monde. Pourtant, en connaissance de cause, nous refusons de changer

1. Voir les mots-clés en fin d'ouvrage.

nos modes de production et de consommation. Peu importe le nombre de conférences et de rapports alarmants, peu importe qu'ils proviennent du GIEC, de l'ONU ou de la Banque mondiale, nous refusons de considérer cette réalité. Ce déni climatique est une nouvelle forme de climato-scepticisme, celle qui consiste à reconnaître le réchauffement climatique dans les faits, sans pour autant agir en conséquence.

Ce constat est visible à différents niveaux. Il l'est dans l'incapacité de nos gouvernants à s'entendre alors que tous les voyants sont au rouge. Il l'est dans les énergies que nous consommons qui restent à plus de 80 % des énergies polluantes. Il l'est dans nos indicateurs de mesure qui comptabilisent uniquement la production marchande sans tenir compte des pollutions et des destructions de ressources naturelles. Il l'est également dans ces centaines de traités de libre-échange, actifs ou en cours de signature, qui font la promotion des échanges de biens à travers le monde sans la moindre clause sur le climat.

Combien de temps pouvons-nous encore nous enfermer dans cette posture hypocrite qui consiste à soustraire constamment la contrainte climatique de nos décisions pour ne pas avoir à remettre en cause notre modèle économique ? Peut-on, par exemple, d'un côté débattre de l'exploitation du gaz de schiste puis de l'autre promouvoir la lutte contre le réchauffement climatique ? Peut-on encore se réjouir d'avoir des réserves de pétrole pour plus de cent ans alors qu'en extraire plus d'un tiers serait dramatique pour le climat ? Peut-on faire la promotion des échanges dans le monde via des traités de libre-échange alors même que les émissions de CO_2 doivent baisser dans les cinq années à venir pour tenir l'objectif de 2 °C[2] ? Ou bien peut-on encore parler de croissance économique quand celle-ci entraîne la perte d'une grande surface forestière ? Au regard du défi climatique qui nous attend, la réponse à ces questions devrait être négative, elle est malheureusement encore positive aujourd'hui. C'est ce déni que nous dénonçons.

Le but de ce texte est de dévoiler cette hypocrisie climatique afin que chacun d'entre nous, avec ses moyens, puisse faire pression sur les dirigeants politiques pour que les choses changent. De nombreuses associations, des milliers de citoyens et même certaines entreprises se sont déjà engagés dans ce combat et nous espérons que ce livre leur apportera des arguments supplémentaires. Car, comme nous le montrons dans le dernier chapitre, le réchauffement climatique n'est pas une fatalité et nous avons les moyens de relever ce défi. Une autre voie existe, c'est en réalité juste une question de choix.

2. Limiter le réchauffement climatique à 2 °C par rapport à l'ère préindustrielle (avant 1850) est un objectif pris par les États lors de la COP 15 à Copenhague. Selon les scientifiques, 2 °C est un seuil à ne pas dépasser afin d'éviter des conséquences désastreuses pour l'humanité.

Le dérèglement climatique : entre consensus scientifique et manque d'action politique

Le consensus scientifique sur le changement climatique ne fait plus de doute. L'urgence climatique est aujourd'hui indéniable. Le réchauffement global de l'atmosphère – de 0,89 °C entre 1901 et 2012[3] – a déjà des effets néfastes sur les populations et les activités économiques de toute la planète, et ils risquent de s'aggraver considérablement dans les prochaines années si nous ne faisons rien. Comme l'indique le dernier rapport du GIEC[4],

---

3. Jean Jouzel et Anne Debroise, *Le défi climatique : objectif 2 °C*, Paris, Dunod, 2014.

4. Groupe d'experts intergouvernemental sur l'évolution du climat. Le 5e rapport a été publié en plusieurs volumes courant 2013-2014 et sa synthèse est parue en novembre 2014.

il y a plus de 95 % de certitude que le changement climatique soit anthropique, c'est-à-dire dû aux activités humaines. Il nous apprend également que l'atmosphère de la planète se réchauffera d'au moins 4 °C en moyenne par rapport à l'ère préindustrielle si nous n'agissons pas immédiatement pour réduire nos émissions de gaz à effet de serre.

Le changement climatique apparaît pour certains comme un problème lointain, autant d'un point de vue géographique que temporel. Rien n'est pourtant plus faux. Les principales conséquences physiques du changement climatique sont déjà perceptibles, comme la hausse de la fréquence et de l'intensité des événements météorologiques extrêmes[5] (tempêtes, inondations, canicules...), l'élévation du niveau de la mer (déjà de 0,19 mètre depuis 1900) et la fonte à une vitesse remarquable de la calotte glaciaire.

Il ne faut pas non plus croire que les pays industrialisés comme le nôtre, sont (ou seront) épargnés par les conséquences du changement climatique. L'année 2014 a été la plus chaude de l'histoire, autant en France que pour l'ensemble de la planète. La France a connu une année exceptionnelle en termes de catastrophes naturelles. Les inondations dans l'Hérault fin septembre 2014, lorsque l'équivalent de six mois de pluie est tombé

5. Un événement météorologique extrême isolé n'est pas dû au changement climatique anthropique. Par contre, la hausse de la fréquence et de l'intensité de ces événements en est une conséquence.

en quelques heures, en sont un exemple parmi d'autres. Les conditions météorologiques actuelles nous démontrent clairement que le changement climatique est bien en marche et qu'il s'accélère. De nombreux acteurs économiques s'en inquiètent déjà. Les agriculteurs français, notamment les viticulteurs, ont pris la mesure des conséquences potentielles sur leur activité. La région Aquitaine a même commandé un rapport sur les conséquences du changement climatique sur la filière viticole d'ici à 2050.

Au-delà de nos frontières, les conséquences du changement climatique ont déjà des effets désastreux sur les pays en développement. Ils sont en première ligne des conséquences du réchauffement à cause de leur plus faible capacité à s'adapter mais également de leur situation géographique. Dans des États insulaires, comme les Tuvalu, les Maldives ou les Philippines, les populations gèrent déjà la diminution de leurs zones côtières avec l'augmentation du niveau de la mer. Les catastrophes naturelles sont particulièrement dévastatrices dans ces pays, à l'image de ce qu'ont subi les Philippines avec le supertyphon Haiyan de 2013 causant la mort de plus de 6 000 personnes. Sur les sept dernières années, 26 millions de personnes en moyenne ont dû migrer chaque année à cause des catastrophes naturelles, soit plus que le nombre des réfugiés de guerres. En 2014, ce chiffre a dépassé les 40 millions de personnes.

Ces effets du changement climatique, ses coûts sur les plans humain et économique continueront à augmenter si l'emballement climatique n'est pas évité. Dans un rapport publié en 2012[6], la Banque mondiale a estimé qu'un monde avec plus de 4 °C conduirait à une hausse significative de la pauvreté, une réduction de l'accès à l'eau et une aggravation de l'insécurité alimentaire. Les régions les plus touchées seront également les plus pauvres, comme l'Afrique subsaharienne ou l'Asie du Sud-Est.

Dans un rapport publié en décembre 2014, le Programme des Nations unies pour l'environnement a estimé que les coûts de l'adaptation au changement climatique dans les pays en voie de développement pourraient fluctuer entre 140 et 300 milliards de dollars par an en 2025-2030 et 280 à 500 milliards en 2050[7]. Ces coûts pourraient être encore plus élevés si nous dépassons l'objectif de 2 °C.

Pour répondre au défi climatique, il est nécessaire de prendre des mesures fortes. Pour rester sous la barre des 2 °C, les scientifiques préconisent une diminution des émissions globales de CO_2 de 50 % d'ici à 2050 par rapport à l'année 1990, puis l'atteinte du niveau de zéro émission en 2100 au plus tard. En rapportant les émissions de CO_2 à un budget, l'humanité aurait le droit d'émettre environ 1 000 milliards de tonnes

6. Banque mondiale, *4 °C : Turn down the heat : Why a 4 °C warmer world must be avoided*, novembre 2012.

7. Programme des Nations unies pour l'environnement, *The Adaptation Gap Report*, décembre 2014.

de CO_2 entre 1850 et 2100. Or, en 2011, nous avions déjà dépensé 515 milliards de tonnes de carbone, soit 52 % du budget. Notre trajectoire actuelle d'émissions conduirait donc au dépassement de ce budget avant 2035 !

Ainsi, il est encore possible de rester sous la barre des 2 °C mais il faudra un changement radical, et le plus rapidement possible, de notre modèle économique et de nos modes de vie. La marge de manœuvre diminue avec le temps. D'après les scientifiques, il est nécessaire de culminer nos émissions avant 2020 et ensuite d'accélérer les efforts de réduction. Le problème est que, depuis dix ans, elles croissent en moyenne de 2 à 3 % chaque année et rien n'indique dans les systèmes de production et les modes de consommation actuels que l'inversion de la tendance est proche. On ne peut donc que constater la différence entre d'un côté l'accumulation des connaissances scientifiques sur les causes et les conséquences du réchauffement climatique et, de l'autre, la faible coopération entre États pour lutter contre.

Il suffit de voir le contenu des différentes conférences sur le climat pour mesurer l'ampleur du manque de coopération. D'abord, le protocole de Kyoto, premier et seul accord juridiquement contraignant, a vu les États-Unis ne pas le ratifier, puis le Canada l'abandonner en cours de route sans qu'une seule sanction soit prise.

Deuxièmement, le Japon et l'Europe, autrefois considérés comme des bons élèves de la lutte contre le réchauffement climatique, sont loin d'être exemplaires aujourd'hui. Le Japon ne s'est pas engagé dans la deuxième période du protocole de Kyoto et l'Europe accuse un retard dans le développement des énergies propres tout en ayant un prix du carbone extrêmement faible.

Troisièmement, certains pays industrialisés, comme l'Australie et la Russie, ont désormais des positions ambiguës (pour ne pas dire plus) à l'égard de la lutte contre le dérèglement climatique. Les pays émergents comme la Chine, l'Inde ou le Brésil revendiquent, de leur côté, leur « droit au développement » et ne souhaitent pas s'engager sur des objectifs contraignants sans davantage d'efforts de la part des responsables historiques de l'effet de serre. Il en va de même pour les pays en développement. Ces derniers insistent sur la responsabilité des pays industrialisés et réclament un soutien pour s'assurer un développement propre et une adaptation aux conséquences des changements climatiques.

Enfin, aux conférences sur le climat, le mode de fonctionnement des négociations, traditionnellement basé sur le consensus (et non le vote à la majorité), n'a pas permis de trouver un accord à la hauteur du défi[8]. Il a notamment laissé la place à un système privilégiant les communications des différents pays sur leurs objectifs volontaires et les moyens pour y parvenir. Mais ce système est peu propice à atteindre

8. L'échec de la conférence de Copenhague en 2009, où les États n'ont pu parvenir à un accord qui prendrait la suite du protocole de Kyoto, en est l'exemple le plus flagrant.

un accord compatible avec l'objectif des 2 °C car il a souvent permis à certains États ou groupes d'États de réduire l'ambition et la vitesse des négociations. Par exemple à la COP 19 à Varsovie, alors qu'il était prévu que les États soumettent des objectifs contraignants pour un futur accord à la COP 21, plusieurs pays émergents ont réussi à obtenir que, dans le texte final, la terminologie adoptée soit « une contribution à l'accord » plutôt qu'un « engagement[9] ». Ce type de comportement atteste de la place qui est donnée aux questions climatiques dans l'agenda de certains pays.

Sur la question du soutien envers les pays en développement, les pays industrialisés sont loin de montrer le bon exemple. À la COP 15 à Copenhague, ils s'étaient engagés à lever 100 milliards de dollars par an afin de financer la lutte et l'adaptation au changement climatique dans les pays du Sud. Un Fonds vert pour le climat a même été créé par la suite. Pourtant, aujourd'hui, seulement 10,14 milliards de dollars ont été levés et le Fonds vert n'a toujours rien déboursé…

Ce manque d'engagement des pays industrialisés est d'autant plus choquant qu'en choisissant le seuil de 2 °C à ne pas dépasser les dirigeants ont clairement condamné une partie des pays insulaires. Ce choix a été acté à la COP 15 à Copenhague alors que de nombreux scientifiques

9. Ces contributions sont des objectifs volontaires de chaque pays, appelés *Intended Nationally Determined Contributions* (INDC).

avançaient que si la température moyenne de la planète dépassait 1,5 °C d'ici à 2100, de nombreux pays insulaires disparaîtraient. On se rend compte dans la définition de ce type de seuil combien les négociations climatiques sont en réalité l'expression de rapports de force.

Les faits l'attestent : il y a un décalage énorme entre d'un côté les rapports de plus en plus alarmants des scientifiques et de l'autre l'action des États pour lutter contre le réchauffement climatique. Pourtant, la logique supposerait que, comme il s'agit de préserver un bien public mondial, l'ensemble des pays coopère. Malheureusement, la question climatique semble ne tenir qu'une place secondaire et il y a clairement une forme de déni de la part des dirigeants.

Protocole de Kyoto : le mauvais signal envoyé par les États-Unis

Le protocole de Kyoto est perçu à la fois comme le plus grand avancement et le plus grand échec des négociations internationales sur le climat. Lors de la COP 3 en 1997 au Japon, les États ont réussi à se mettre d'accord sur des objectifs juridiquement contraignants et des délais pour réduire les émissions de CO_2 des pays industrialisés. Ce fut un exploit historique indéniable. Mais en refusant de le ratifier, les États-Unis ont envoyé un signal très négatif au reste du monde sur la façon de traiter la problématique climatique. Effectivement, qu'attendre des autres pays si la première puissance économique mondiale juge le coût de la réduction des émissions trop élevé ? La perte de crédibilité des négociations internationales et la difficulté depuis à trouver un accord contraignant avec les pays émergents trouvent leurs sources, en grande partie, dans la défection des États-Unis.

Avec les accords de Kyoto, le monde passait d'une convention incitant les pays à stabiliser leurs émissions de CO_2[10] à un accord obligeant certains d'entre eux à les réduire. Évidemment, compte tenu de leur responsabilité historique, il était demandé aux pays les plus riches, classé dans l'Annexe 1[11], de supporter les efforts. Ainsi, le protocole visait une réduction de 5 % des émissions de gaz à effet de serre des pays industrialisés entre 2008 et 2012[12] sans imposer aucune contrainte aux pays en développement (incluant les pays émergents comme la Chine ou l'Inde).

Cette répartition des efforts est logique pour plusieurs raisons : d'abord les pays industrialisés sont responsables de plus des deux tiers des émissions de CO_2 au xxe siècle, ensuite les produits qu'ils consomment sont majoritairement fabriqués dans les pays en développement et enfin, ils sont les plus à même à effectuer les ajustements nécessaires parce qu'ils sont riches et développés. Plusieurs pays avaient fortement soutenu la signature de l'accord notamment ceux de l'Union européenne, le Japon, et

---

10. Convention cadre des Nations unies sur les changements climatiques au Sommet de la Terre à Rio en 1992.

11. L'Annexe 1 est composée des pays de l'OCDE (sauf la Corée du Sud et le Mexique) et des pays dits « en transition ».

12. Cette période a été la première du protocole de Kyoto. La seconde, actée à Doha à la COP 18 en 2012, concerne les années 2013 à 2020.

même au départ les États-Unis. Ce fut la première fois dans l'histoire qu'une grande partie des plus grands pollueurs[13] s'engageaient à réduire leurs émissions de gaz à effet de serre.

Mais les États-Unis, alors qu'ils produisaient 24 % des émissions totales en 1997 pour une population représentant seulement 4,5 % de la population mondiale, ont décidé de ne pas jouer le jeu. Quelques semaines après la signature du protocole, le Sénat américain a refusé de ratifier le traité par 95 voix contre zéro. Les raisons évoquées étaient le refus de valider un accord contraignant sans engagement de la part des pays en développement et les risques pour l'économie américaine. Face à cette ferme opposition, Bill Clinton ne présentera même pas le texte du protocole au Sénat et son successeur George Walker Bush annoncera le 13 mars 2001, dans une lettre adressée à quatre sénateurs républicains, son refus de réglementer les émissions de gaz à effet de serre[14].

En jugeant que le coût infligé à l'économie américaine était trop élevé en comparaison des bénéfices et, alors même que les autres pays riches décidaient de soumettre en partie leur économie à la contrainte climatique, les États-Unis choisissaient clairement de placer leurs intérêts économiques au-dessus du bien-être global. Ceci n'a rien d'étonnant, George Herbert Walker Bush (père) n'affirmait-il

---

13. Canada, États-Unis, Europe, Japon et Russie.

14. Aurélie Vieillefosse, *Le changement climatique : quelles solutions ?*, Paris, « Les Études » n° 5290-5291, La Documentation française, 2009,

pas déjà en 1992 à la conférence de Rio, pour s'opposer à un accord contraignant, que « le mode de vie américain n'est pas négociable ».

Le positionnement américain dans les négociations internationales a toujours été de promouvoir les solutions de marché de façon à ne pas remettre en cause la société de consommation de masse. Le développement et les échanges des technologies vertes, qui permettraient la transition de l'économie mondiale vers une économie bas carbone, sont les principales solutions mises en avant par les États-Unis. La position américaine est sans équivoque : les remèdes au changement climatique ne se trouvent pas dans une remise en cause des modes de vie et de consommation américains mais dans les produits et leur processus de fabrication. La croissance économique et la consommation de masse ne doivent pas changer, elles doivent seulement se verdir.

Certes, il est absolument essentiel d'investir et de rechercher des technologies vertes mais elles ne doivent pas s'exonérer du fait de faire des efforts de réduction d'émissions. D'autant que les États-Unis pouvaient réaliser un certain nombre de gains en efficacité énergétique sans trop contraindre leur mode de vie. À titre de comparaison, la plupart des pays riches ont des émissions de CO_2 par habitant bien inférieures aux États-Unis, avec des niveaux de vie quasiment identiques. Par exemple, en 1997, un Anglais émettait 9,4 tonnes de CO_2, un Japonais 9,5 tonnes alors qu'un Américain en émettait 19,9. Et le vrai problème est que le mode de vie américain reste encore la référence au niveau mondial surtout dans les pays émergents.

Le comportement du gouvernement américain est typiquement celui du « passager clandestin ». En refusant d'acquitter leur juste quote-part, les États-Unis – alors premiers contributeurs au réchauffement climatique – créent des externalités négatives pour l'ensemble de la planète. Or, les impacts les plus violents dus aux changements climatiques ne seront pas pour les Américains mais bien pour les populations les plus vulnérables de la planète, celles pour qui les saisons et le climat importent dans la culture, l'élevage ou la pêche.

En refusant d'appliquer le protocole de Kyoto, les États-Unis ont, d'une part, délégitimé les négociations internationales sur le climat et, d'autre part, envoyé un mauvais signal aux autres économies du monde (qu'elles soient riches, émergentes ou en développement). Comme aucun autre pays n'aurait pu le faire, les États-Unis ont tout simplement mis à mal une gouvernance mondiale du climat. Il aurait probablement été plus simple de négocier avec les pays émergents aux COP suivantes si les pays industrialisés avaient été exemplaires dans l'application du protocole. La démission des États-Unis n'a fait que compliquer les négociations climatiques notamment avec la Chine. Elle a également entraîné un effet d'imitation de la part d'autres pays comme le Canada, la Russie et le Japon qui ont refusé un second Kyoto. Les États-Unis ont également refusé de changer de position.

Certes, certains États américains ont fait des efforts, à l'image de la Californie ou de plusieurs États du Nord-Est, mais la non-application du protocole de Kyoto a laissé des séquelles au niveau international. Alors que la question du climat semblait prendre une place de plus en plus importante depuis Rio en 1992, elle est redevenue, après la défection des États-Unis, un problème secondaire loin derrière les questions économiques.

Le choix des énergies polluantes

Malgré la prise de conscience des dangers du réchauffement climatique, le monde n'a jamais autant consommé d'énergies polluantes. Les énergies renouvelables se sont certes développées mais quasiment au même rythme que les autres et, par conséquent, occupent toujours une place négligeable dans les bilans énergétiques. Aujourd'hui, plus de 80 % des énergies utilisées sont polluantes (pétrole, gaz et charbon). Ces proportions n'ont pas changé depuis 2000.

Un tour d'horizon des évolutions des différentes filières énergétiques dans la dernière décennie est frappant. Entre 2002 et 2012, la consommation de pétrole et de gaz a crû respectivement de 14,4 % et de 31 %. Celle du charbon, énergie la plus polluante, de 55 % ! Cette hausse n'est pas entièrement imputable à la forte croissance économique et démographique des pays émergents, la plupart des pays développés ont également leur part de responsabilité : le Canada et l'Australie utilisent aujourd'hui plus de pétrole qu'il y a dix ans ; les États-Unis, le Canada, la France et le Japon plus de gaz ; enfin, le Royaume-Uni, la Pologne et l'Italie consomment plus de charbon.

Or, cette hausse de la consommation dans les pays développés ne peut pas être expliquée uniquement par la croissance économique et démographique. Certains pays avaient la capacité de diminuer leur consommation d'énergie sans porter atteinte à leur niveau de vie. Les études montrent que la corrélation entre IDH (Indice de développement humain) et consommation annuelle d'énergie s'arrête à partir de quatre Tep (tonnes équivalent pétrole) par habitant. Au-delà, le bien-être des individus n'augmente plus. Pourtant, un certain nombre de pays sont encore au-dessus de ce seuil comme les États-Unis, le Japon, la Suède ou l'Australie. Ces pays pourraient réduire leur consommation d'énergie sans affecter leur qualité de vie, il n'est donc plus question de nécessité mais de choix.

Les réserves prouvées de gaz et de pétrole ont également crû de 21 et de 26 % alors même que la hausse de la demande aurait dû contribuer à l'épuisement de ces réserves. L'augmentation des prix de l'énergie dans la décennie 2004-2014 a permis aux compagnies d'investir massivement dans la recherche et l'exploration des mêmes énergies. Les gouvernants auraient pu casser ce cercle vicieux en incitant les compagnies à utiliser cette rente pétrolière pour financer les énergies renouvelables. Par exemple, dans les années 1970, après la forte hausse des prix du pétrole, les États-Unis avaient instauré un impôt sur les profits imprévus des compagnies pétrolières[15]. À partir de 2004, l'augmentation soutenue des cours du baril a permis aux compagnies d'engendrer des profits dépassant toutes les espérances (alors même que leur production diminuait). Les bénéfices records de l'année 2008 donnent le vertige, les cinq premières compagnies Exxon, Shell, BP, Chevron et Total ont toutes fait des bénéfices supérieurs à 20 milliards de dollars avec 45 milliards pour Exxon. Ces compagnies viennent toutes de pays développés – principaux responsables du réchauffement climatique –, pourtant aucun gouvernement de ces pays n'a pensé à instaurer un impôt pour financer la transition énergétique. Cette manne pétrolière imprévue aurait pu être un puissant levier pour prévoir l'après pétrole, il a surtout permis de multiplier par quatre les investissements en exploration-production pour trouver des nouveaux gisements.

La hausse du prix du pétrole accompagnée par des investissements faramineux a permis à un certain nombre d'hydrocarbures non-conventionnels de devenir rentables. C'est le cas des hydrocarbures de schiste ou des sables bitumineux. Paradoxalement, ces énergies ne se sont pas développées dans des pays qui sont en phase de décollage mais dans des pays riches ayant opéré depuis longtemps leur

15. Joseph E. Stiglitz, *Un autre monde. Contre le fatalisme du marché*, Paris, Fayard, 2006, rééd. Le Livre de Poche, 2008, p. 247.

ajustement vers une économie de services (donc moins consommatrice d'énergie que l'industrie).

Le gaz de schiste en est le meilleur exemple. Il s'est développé massivement aux États-Unis grâce notamment à la mise en place de l'Energy Policy Act, un cadre réglementaire extrêmement favorable aux compagnies pétrolières leur permettant notamment d'être exonérées de règles environnementales et de disposer d'avantages fiscaux. Les résultats ont été rapides : en quelques années, les États-Unis ont ajouté plus de 60 000 puits de gaz de schiste (soit plus de puits que dans tout le Moyen-Orient) pour arriver à 500 000 puits de gaz en activité sur le territoire. Cette offre abondante a permis de diviser les prix du gaz par trois et a entraîné une amélioration de la compétitivité des industries.

Ce succès économique n'est pas passé inaperçu. Le Canada, producteur de pétrole de sables bitumineux, est déjà en phase de prédéveloppement. Quant à l'Europe, considérée pendant très longtemps comme la bonne élève sur les questions du réchauffement climatique et de la transition énergétique, un certain nombre de pays, comme le Royaume-Uni ou la Pologne, n'ont pas exclu cette option…

La question des hydrocarbures d'Arctique est également intéressante pour mesurer la distance de nos gouvernements vis-à-vis de la question climatique. Alors que la fonte de la banquise aurait dû alarmer les États des dangers du réchauffement climatique et la nécessité de prendre des mesures d'urgence, elle a été plutôt perçue comme une opportunité pour aller voir s'il n'y avait pas des hydrocarbures ou d'autres matières premières. Des compagnies principalement de pays développés comme Shell, Statoil, BP ou Total sont actuellement impliquées dans des projets.

Mais l'incarnation la plus aboutie de l'hypocrisie climatique se trouve dans la subvention des énergies fossiles par les États. En 2014, les compagnies d'extraction d'énergies fossiles ont perçu plus de 4 740 milliards d'euros de subvention, soit l'équivalent de dix millions d'euros par minute[16]. Ce chiffre est 20 fois plus élevé que l'ensemble des investissements dans les énergies renouvelables et supérieur à l'ensemble des dépenses mondiales liées à la santé publique.

N'ayons pas peur de dire les choses honnêtement : si la question du réchauffement climatique n'avait pas existé, les productions et consommations d'énergie auraient été, à peu de chose près, les mêmes. Pourtant, avec des émissions de CO_2 provenant à 80 % de la combustion d'énergies fossiles, le secteur énergétique aurait dû focaliser une attention et des moyens particuliers pour changer de modèle. Force est de constater que malgré un consensus sur les causes, aucune action des gouvernements, en premier lieu ceux des pays riches, n'a été faite pour rectifier le tir. Or, ne rien faire en connaissance de cause est un choix. Les pays développés ont clairement choisi de reléguer la question climatique au second plan.

16. David P. Coady, Ian Parry, Louis Sears et Baoping Shang, « How Large are Global Energy Subsidies ? », *IMF Working Paper*, n° 15/105, 2015. À lire sur http://ssrn.com/abstract=2613304.

Une confiance aveugle dans le marché

À partir des années 1990, les politiques n'ont cessé de mettre le marché au centre de leurs décisions. De manière quasi religieuse, tout le monde a fini par admettre – conformément au concept de la main invisible de l'économiste Adam Smith – que les intérêts égoïstes conduisent à l'intérêt général et que la mise en concurrence est bénéfique car elle permet une allocation optimale des ressources. Encore récemment, la Commission européenne soutenait dans son *Livre vert* « que c'était au marché de trouver des solutions » et qu'elle les soutiendrait[17]. Le problème est que le marché n'a rien d'objectif, tout simplement parce qu'il dépend de ceux qui le composent et qu'il peut y avoir des rapports de force entre ces agents. Un retour sur

17. Commission européenne, *Livre vert : construire l'union des marchés de capitaux*, 18 février 2015, p. 6.

les vingt dernières années montre que la logique du marché n'a pas apporté de solutions pour lutter contre le réchauffement climatique, ni pour enclencher la transition énergétique.

Il est intéressant de commencer par analyser les conséquences de la libéralisation des marchés de l'énergie en Europe. C'est un exemple concret qui permet de montrer comment une confiance aveugle dans les mécanismes de marché peut entraîner des résultats radicalement opposés à ceux attendus. Prenons le cas du Royaume-Uni qui a souvent été mis en avant comme « exemple à suivre » par la Commission européenne. La libéralisation du marché de l'électricité britannique visait à casser les monopoles publics et permettre l'apparition de nouveaux concurrents afin de faire baisser les prix. Les résultats ont été radicalement opposés. Le processus de libéralisation a donné naissance à un oligopole de six entreprises se partageant le marché en l'absence de toute menace concurrentielle crédible[18]. Évidemment, les prix de l'électricité, alors qu'ils étaient censés baisser, ont augmenté. En théorie, l'ouverture des marchés devait profiter au consommateur ; en pratique, elle a surtout profité aux compagnies. Le constat a été le même en France avec une hausse des tarifs de l'électricité de 33 % en moyenne depuis l'ouverture à la concurrence du secteur de l'énergie en 2007.

On retrouve les mêmes travers lorsqu'on aborde la question du signal-prix. Pour les défenseurs de

---

18. Raphaël Homayoun Boroumand, « La Dame de fer, la Main invisible et la Fée électricité », *Le Monde*, 15 juillet 2013.

l'efficacité des marchés, si l'on veut qu'un bien ou qu'un mode de production s'impose, il faut faire en sorte qu'il coûte moins cher pour orienter le choix des consommateurs. C'est cet argument qui a entraîné la création de mécanismes de soutien aux énergies renouvelables (ayant pour but de les rendre moins chères) pour qu'elles puissent pénétrer sur les marchés de l'énergie tout en laissant, ensuite, la concurrence opérer entre les différentes énergies. Le problème est que les conditions de concurrence sont extrêmement défavorables aux énergies renouvelables, y compris en prenant en compte les mécanismes de soutien.

Les entreprises du renouvelable, caractérisées par une multitude d'acteurs dans différentes filières, font face à de grandes entreprises avec des technologies et infrastructures établies depuis longtemps. Rappelons que ces entreprises, appelées généralement « opérateurs historiques », se sont développées dans un environnement non-concurrentiel : société publique et en monopole[19]. C'est le cas en France où le système énergétique est le produit d'une planification et d'un pilotage centralisé qui ont donné naissance à de grandes entreprises publiques[20] : EDF, Engie

19. Raphaël Homayoun Boroumand, Stéphane Goutte et Thomas Porcher, *20 idées reçues sur l'énergie*, Bruxelles, « Planète en jeu », De Boeck Supérieur, p. 172.

20. Jean-Marie Chevalier, Michel Cruciani et Patrice Geoffron, *Transition énergétique : les vrais choix*, Paris, Odile Jacob, 2013, p. 33.

(anciennement GDF-Suez), Areva et Total[21]. Ces entreprises ont un poids suffisant pour influencer les conditions de marché, et les acteurs du renouvelable – même aidés par des mécanismes de soutien – restent dans une position défavorable. Or, une des conditions au fonctionnement de la concurrence est justement que les acteurs aient des tailles identiques (on parle d'atomicité en économie).

Dans le cas des renouvelables, les choix politiques de long terme ont donc laissé place à un modèle mélangeant politique de soutien et marché libéralisé. Le bilan de ce modèle est pour le moins mitigé et les résultats montrent que même si les énergies renouvelables se développent, elles prennent difficilement des parts de marché aux énergies traditionnelles.

La question est de savoir pourquoi l'État, s'il voulait sincèrement développer les renouvelables, a-t-il préféré faire confiance au marché plutôt que de jouer son rôle d'actionnaire majoritaire en poussant les entreprises historiques dans les énergies renouvelables ? Peut-être par croyance dans les vertus de l'efficacité des marchés mais probablement aussi faisait-il face à une opposition bien organisée…

La remise en cause de l'effet du signal-prix se pose également dans le cas de biens non-substituables. C'est le cas du pétrole où l'augmentation du prix sur la décennie 2000-2010 n'a eu qu'un effet marginal sur le comportement du consommateur. Personne

21. Encore aujourd'hui, EDF, Engie (anciennement GDF-Suez) et Areva ont une grande partie de leur capital détenue par l'État.

n'aurait pu penser que les consommateurs puissent supporter un prix passant de 20 à plus de 100 dollars. C'est pourtant ce qu'il s'est passé. Le prix a été multiplié par cinq sans déclencher naturellement une révolution dans les modes de production et de consommation. L'élasticité prix et l'élasticité prix-croisé n'ont pas fonctionné (ou très peu) car le pétrole dans son usage est un bien difficilement substituable. Dans ces conditions, prôner une augmentation du prix pour faire jouer le signal-prix en espérant diminuer la consommation peut s'avérer en dessous des espérances.

À l'inverse, le signal-prix s'est révélé très efficace dans le cas de la substitution du gaz par le charbon. Un certain nombre de conditions sont nécessaires pour que le jeu de la concurrence opère : il faut que les énergies soient substituables dans leurs utilisations et qu'elles soient à des niveaux de développement quasi similaires. C'est le cas du gaz et du charbon. Le développement du gaz de schiste a entraîné une baisse des prix du gaz le rendant plus avantageux que le charbon aux États-Unis. La baisse de la demande américaine de charbon a amené à une baisse des prix qui l'a rendu plus intéressant pour les Européens. Résultats : la consommation de charbon américaine s'est déplacée vers l'Europe. Le signal-prix a certes fonctionné d'un point de vue local mais d'un point de vue global, il n'a fait qu'en déplacer la consommation.

Une analyse du cas des États-Unis en économie fermée (c'est-à-dire comme s'il était seul au monde) amènerait au résultat suivant : le signal-prix a été efficace car la baisse des prix du gaz a entraîné un effet de substitution gaz-charbon. Mais une analyse globale (en économie ouverte) poserait la question de savoir ce qu'est devenu le bien qui est sorti du marché en économie fermée... À l'échelle mondiale, il n'y a pas de différence, juste un déplacement de la consommation et des pollutions associées. De manière générale, en l'absence de développement ou de réglementations communes, ce que perd le marché d'un pays, un autre le récupère...

Enfin, l'échec du marché du carbone est un des meilleurs exemples du manque d'objectivité des marchés ou plutôt de leur construction humaine (par conséquent non-objective). Alors que le principe de ce marché avait pour but d'inciter les entreprises les plus polluantes à réduire leurs émissions, il n'a été qu'un outil pour les encourager à ne pas changer à cause du prix extrêmement bas du carbone. Pourtant, le projet avait bien commencé, il consistait à définir par pays des plafonds d'émissions de carbone pour les entreprises et secteurs polluants mais ensuite, par le jeu du marché, il était possible pour les entreprises les plus polluantes d'acheter les quotas d'une entreprise qui émet moins que son plafond autorisé. Et comme les quotas d'émissions ont été suralloués (grâce à un lobby efficace), le prix du carbone a fortement chuté. Le signal-prix, ayant pour but d'inciter à cesser de polluer, a eu l'effet inverse[22].

22. Jean Gadrey, « Préserver la nature en lui donnant un prix ? Les dérives marchandes », à lire sur le site alternatives-économiques.fr/blogs/gadrey/2013/10/23preserver-la-nature-en-lui-donnant-un-prix-44-les-derives-marchandes/

Au final, rien jusqu'à présent ne permet de dire que les mécanismes de marché sont efficaces pour gérer le problème du réchauffement climatique. Ceux qui préconisent d'intégrer les externalités négatives en les transformant en marchandises et en créant un marché dans la lignée du système d'achat-vente du droit à polluer oublient que les montants de pollution autorisés seront probablement sujets à un lobbying féroce qui pourrait avoir les mêmes conséquences que le marché du carbone en Europe. Les autres qui préconisent d'internaliser les externalités négatives dans le prix de l'énergie afin de créer des signaux-prix savent que cette méthode n'est pas constamment efficace et qu'elle est surtout complexe. Même s'il existe des études sur le coût financier du réchauffement climatique ou du diesel, comment prendre en compte ces externalités ? Où s'arrêtent-elles ? Doit-on prendre en compte les 25 millions de réfugiés climatiques chaque année dans le prix du pétrole, du gaz et du charbon ? Peut-on réellement chiffrer la dégradation de la nature ou de la santé ?

Certes une internalisation des externalités propres à chaque énergie est nécessaire car elle donnerait un prix différent aux énergies et permettrait à celles neutres en carbone de devenir plus compétitives. Mais un signal-prix plus approprié des énergies (et in fine des biens) ne doit pas être l'alpha et l'omega de la lutte contre le réchauffement climatique. Il faut surtout des investissements massifs dans les énergies renouvelables et dans la rénovation énergétique des bâtiments. Or, ces investissements imposent aux États d'avoir une vision de long terme qui est contraire à la logique de marché.

Des traités de libre-échange contre le climat

À chaque remise de rapports du GIEC ou organisations de COP, les dirigeants du monde se relaient pour inviter à l'action afin d'apporter des réponses adaptées pour éviter la catastrophe climatique. Chacun y va de sa déclaration convenue sur la transition énergétique et sur la nécessité de faire baisser les émissions de CO_2. Pourtant, ces dirigeants négocient au même moment des traités de libre-échange qui illustrent de manière inquiétante la négation du réchauffement climatique en continuant à séparer environnement et commerce, et pire, en subordonnant le premier au second.

L'Europe, longtemps considérée comme exemplaire dans la lutte contre le réchauffement climatique, n'échappe pas à cette tendance. En 2006, elle a défini une stratégie en matière de politique commerciale visant à rechercher avec ses principaux partenaires commerciaux des accords de libre-échange. Ce projet appelé « Global Europe : Competing in the World » a entraîné la signature d'accords de libre-échange avec le Pérou, la Colombie, le Honduras, le Nicaragua, le Panama et le Canada. D'autres sont en cours avec l'Ukraine, la Moldavie, la Géorgie, l'Arménie ou encore avec des organisations régionales comme le Conseil de coopération du Golfe ou le Mercosur[23]. C'est dans le cadre de cette stratégie que s'inscrit également le fameux partenariat transatlantique avec les États-Unis, plus connu sous le nom de TAFTA[24].

Le problème est que ces traités, par leurs principes et leurs conséquences, heurtent de plein fouet la question du réchauffement climatique. Ils consacrent avant tout le commerce de biens. Ce qui compte, c'est la circulation des marchandises, et ce, peu importe les conséquences environnementales. Déjà à l'OMC, le périmètre et le vocable « environnement » sont dans l'attente d'une définition et d'une protection précise. Certes, les alinéas *a* et *b* de l'article XX du GATT permettaient aux États de maintenir à l'abri de barrières commerciales des politiques qui visaient à préserver les ressources naturelles et la vie. Mais pour diverses raisons, le vocable « environnement » n'a jamais été ajouté à l'alinéa *b* de l'article mentionné. L'OMC fonde ses

23. Marché commun regroupant plusieurs pays d'Amérique du Sud.

24. Thomas Porcher et Frédéric Farah, *TAFTA : l'accord du plus fort*, Paris, Max Milo, 2014.

décisions non pas au nom du principe de précaution ou d'une autre considération éthique mais au nom de l'expertise. En d'autres termes, tout ce qui concerne l'environnement ou le climat n'est pas pris en compte à l'OMC. On se retrouve donc avec des dirigeants qui reconnaissent le rôle de l'activité humaine sur le réchauffement climatique, prônent la diminution des émissions de CO_2 mais décident volontairement d'en faire abstraction quand il s'agit de parler de commerce[25].

Ces traités, en plus de favoriser la multiplication des échanges, risquent d'abaisser les normes des biens. Car une des particularités de ces accords de libre-échange de nouvelle génération est qu'au-delà de la diminution des droits de douane, ils étendent leur portée à l'ensemble des champs commerciaux et traitent les obstacles du commerce « derrière les frontières » c'est-à-dire sur des normes établies à l'intérieur d'un pays.

Le but de ces traités de libre-échange est donc d'arriver à un rapprochement des normes des différents pays afin de définir des standards communs de production et de consommation. Le problème est que, dans ces conditions, si un État décide d'imposer de nouvelles réglementations visant à prendre en compte les coûts environnementaux, il sera désavantagé par rapport à ceux qui ne le font pas. Les États, afin de préserver la compétitivité de

25. Même si certains pays développés commencent à aborder certains des sujets liés au climat à l'OMC, notamment en accusant les pays émergents de dumping environnemental.

leurs industries, risquent donc de ne pas mettre en place des réglementations prenant en compte des aspects environnementaux car cela reviendrait à courir avec des sacs de sable.

Cette intervention de l'État sera d'autant plus limitée que les entreprises concurrentes s'accordent facilement quand leurs intérêts convergent. S'il s'agit d'abaisser les normes pour dégager plus de profit, des marques concurrentes sont capables d'agir ensemble. Nous avons vu dans le cas du gaz de schiste en France comment des sociétés françaises ou canadiennes, à la base concurrentes, s'accordaient quand il s'agissait de tenter de casser la loi d'interdiction de la fracturation hydraulique. Dans ces conditions, il sera difficile de faire naître un modèle exigeant en matière d'environnement.

D'ailleurs, les traités prévoient des mécanismes permettant de lutter contre l'évolution des règles : les tribunaux arbitraux. Or, ce type de tribunal s'inspire de la doctrine du CIRDI[26] qui stipule qu'une entreprise a droit à l'environnement juridique qu'elle a connu lorsqu'elle a commencé à entreprendre, et donc a le droit d'être indemnisée du profit perdu à cause de toute modification de législation ou réglementation qui lui serait défavorable. Autrement dit, avec l'instauration de ce

26. Le Centre international de règlement des différends sur l'investissement (CIRDI) est une instance à Washington, créée par la Banque internationale pour la reconstruction et le développement (BIRD), qui traite des litiges entre un État et un investisseur originaire d'un autre État.

mécanisme, il sera impossible ou sinon très coûteux pour un État d'édicter de nouvelles règles par la loi ou par le règlement. Les tribunaux seront donc des armes au service des multinationales puisque les investisseurs pourront s'en saisir lorsqu'ils estimeront que le cadre réglementaire a été modifié en leur défaveur.

Cependant, pour promouvoir une transition énergétique et une lutte contre le réchauffement climatique, il va falloir imposer des restrictions à certaines énergies (comme la sortie du nucléaire en Allemagne ou l'interdiction de la fracturation hydraulique en France) tout en faisant la promotion des énergies renouvelables, en encourageant des modes de production plus sobres via des avantages fiscaux et en réglementant plus fortement certains secteurs. Mais toutes ces politiques pourraient être perçues comme des barrières au commerce ou des distorsions de la concurrence, et les entreprises concernées pourraient les contester auprès des tribunaux arbitraux. Dans ce type de traité, le droit commercial a clairement la primauté sur le social ou l'environnemental.

Ces traités de libre-échange sont donc une preuve supplémentaire du déni climatique de nos dirigeants. Ces accords consacrent avant tout les échanges commerciaux entre pays et visent à éliminer tout obstacle à la circulation des biens. Aucune clause ne traite de la question du climat et l'harmonisation des normes risque de se traduire par un abaissement des normes environnementales et sociales. Enfin, les tribunaux arbitraux, telle une épée de Damoclès sur l'État, offrent une garantie juridique aux multinationales contre l'évolution des réglementations.

Des indicateurs de mesure inadaptés

Les indicateurs de mesure jouent un rôle extrêmement important dans nos sociétés. Ils révèlent et orientent les choix des politiques tout en influençant le comportement des entreprises et des individus. Si ces indicateurs sont incomplets alors ils donnent forcément une mesure erronée de la réalité et peuvent présenter des dangers pour l'avenir. Le PIB qui mesure la production marchande est aujourd'hui l'instrument de mesure le plus largement utilisé. Il possède pourtant de nombreuses limites comme le fait de ne pas prendre en compte le bien-être des individus ou la dégradation de l'environnement. Un certain nombre de nos mesures comptables doivent évoluer, tout simplement car elles conduisent les agents économiques à prendre des mauvaises décisions qui, au final, compromettent l'avenir de tous.

Le PIB fait débat depuis sa création. Comme l'a rappelé Al Gore dans une conférence sur le climat à Sciences Po en juin 2015 : « Le créateur du PIB lui-même, Simon Kuznets, a toujours insisté sur le fait de ne pas l'utiliser comme une boussole pour la politique économique, expliquant dès les années 1930 que le PIB était un indicateur limité et inadéquat pour mesurer l'ensemble de l'activité économique. » De nombreux rapports vont dans ce sens, le plus connu étant celui de Joseph Stiglitz, Amartya Sen et Jean-Paul Fitoussi sur la mesure des performances économiques et du progrès social[27].

Le constat principal du rapport Stiglitz est que le PIB est une mesure très limitée si l'on prend en compte les réalités et défis du XXIe siècle, à savoir la préservation de l'environnement et la réduction de la pauvreté. En effet, le PIB ne tient pas compte de la pollution, qu'elle soit atmosphérique, sonore, industrielle ou alimentaire. Il ne prend pas en compte les inégalités de répartition des richesses qui augmentent fortement depuis 1975[28]. Enfin, il ne comptabilise pas la destruction des ressources naturelles, qu'il s'agisse de déforestation, d'épuisement des matières premières ou de terres arables. Ces éléments sont pourtant fondamentaux pour

27. La « Commission Stiglitz-Sen-Fitoussi » de 2009 sur la mesure des performances économiques et du progrès social.

28. Voir les travaux de Thomas Piketty sur les inégalités notamment dans son dernier livre : *Le capital au XXIe siècle*, Paris, Seuil, 2013.

assurer la soutenabilité d'une activité économique. Si la croissance du PIB entraîne la perte d'une grande surface forestière, comment se fait-il que cette dégradation de l'environnement ne soit pas prise en compte ?

À l'inverse, si la croissance du PIB est due aux conséquences néfastes du réchauffement climatique, alors pourquoi devrions-nous la considérer comme une amélioration de l'activité économique ? Et pourtant c'est le cas aujourd'hui lors de reconstructions de routes et d'habitations après le passage d'un tsunami ou d'autres événements météorologiques extrêmes.

La mesure du PIB et celle de son évolution (la croissance économique) sont des indicateurs de mesure purement quantitatifs et donc par définition limités. À quoi bon faire de la croissance, si elle repose sur l'exploitation d'énergies polluantes, sur la compression des salaires et des droits sociaux des salariés ? La mesure du PIB doit être accompagnée d'autres indicateurs mesurant les impacts sur le bien-être des individus (le but de toute société) et sur l'environnement (la soutenabilité de ce bien-être).

D'autres indicateurs nous envoient des signaux trompeurs qui nous amènent droit dans le mur. Par exemple, la comptabilité permet aujourd'hui aux énergéticiens de valoriser leurs réserves d'hydrocarbures comme des actifs alors même que, si nous voulons avoir une chance de tenir l'objectif de 2 °C, le monde ne pourra pas les utiliser entièrement. Une étude de l'University College de Londres publiée dans la revue *Nature* a montré que pour maintenir les objectifs du GIEC, il faudra laisser dans le sol un tiers des réserves prouvées de pétrole, la moitié du gaz et 82 % du charbon. Dans ces conditions, comment est-il possible que la comptabilité puisse permettre de valoriser financièrement ces réserves d'hydrocarbures et, de ce fait, continuer à inciter les entreprises à accroître leur niveau ?

La fixation des « prix » est un autre type de mesure qui ne reflète pas la réalité. Actuellement, les prix dépendent des coûts de production, de la marge que s'approprie le producteur et de taxes. Or, pour beaucoup de produits, il existe tout un tas de coûts indirects qui n'apparaissent pas dans le prix ni dans les bilans comptables des sociétés. Par exemple, les prix bas de fruits et légumes bourrés de pesticides n'intègrent pas les coûts pour la santé qu'ils engendrent, le prix bas de la viande issu de l'élevage intensif n'intègre pas le coût des eaux polluées ou des algues vertes sur le littoral breton[29], enfin le prix du charbon n'intègre pas les coûts de la pollution...

Pourtant ces coûts indirects vont être payés par le contribuable. Les frais de santé dus à la pollution, le coût du nettoyage des plages ou de l'épuration des eaux polluées sont autant d'externalités négatives qui finissent par être payées par le contribuable. Nous avons donc un système de mesure qui, d'un côté, incite les entreprises à produire des biens à bas prix sans payer les coûts indirects de leur mode de production et, de l'autre côté, des individus

---

29. Marc Dufumier, *50 idées reçues sur l'agriculture et l'alimentation*, Paris, Allary Éditions, 2014.

qui sont incités à acheter ces produits (via les prix compétitifs) et qui paieront les coûts indirects via les impôts. La baisse des réglementations est en réalité un transfert d'une partie du coût des entreprises vers les ménages.

Enfin, le mode de comptabilisation des émissions de CO_2 n'est pas juste. Il prend en compte uniquement le CO_2 émis sur le territoire alors que depuis les années 1990, on assiste à un mouvement de délocalisations des industries vers les pays émergents notamment la Chine. En prenant en compte les émissions de CO_2 basées sur la consommation (c'est-à-dire tenant compte des exportations et des importations de biens), on arriverait à des mesures plus justes. Comment pouvons-nous demander aux pays émergents de faire des efforts sur leurs émissions de CO_2 si une partie de nos entreprises en profitent et si nous consommons les biens fabriqués dans ces conditions ?

Une approche par la comptabilisation des émissions consommées serait moins hypocrite et nous inciterait plus à changer nos comportements. Cela n'exonère pas les pays émergents de faire des efforts dans la lutte contre le réchauffement climatique (notamment en arrêtant de subventionner les prix du carburant), mais cela permettrait d'avoir une meilleure vision des responsabilités de chacun. Rappelons qu'un des principes de la convention sur le climat est « la responsabilité commune mais différenciée ». Pour arriver à un accord qui emporte l'adhésion de tous, il faut qu'il soit considéré comme juste et équitable. Un bon départ serait de commencer par compléter la mesure des émissions de gaz à effet de serre avec celle des émissions consommées.

Le choix des indicateurs de mesure est en réalité plus politique que technique. Si nous nous fions aveuglément au taux de croissance du PIB, alors nous nous exposons à de futures crises économiques, sociales et écologiques. N'oublions pas qu'avant la crise des subprimes, les États-Unis avaient un taux de croissance élevé mais qui n'était pas soutenable sur le long terme. La crise des subprimes a laissé des séquelles énormes dont nous ne sommes toujours pas remis en Europe. La vision court-termiste du seul profit et de la croissance peut nous amener droit dans le mur. Il est impératif d'ajouter d'autres mesures prenant plus en compte le bien-être, l'environnement et la soutenabilité de nos activités économiques.

Mais, il ne faut pas être naïf, de meilleurs indicateurs de mesure sont une condition nécessaire mais pas suffisante pour assurer une lutte efficace contre les dérèglements climatiques. Nous l'avons vu au premier chapitre, nous disposons de nombreuses mesures et études qui nous indiquent l'urgence d'agir. Les travaux de Nicholas Stern, économiste britannique et ancien vice-président de la Banque mondiale, ont montré qu'en pourcentage de PIB, le coût de l'inaction serait bien plus élevé que celui de l'action. Selon l'économiste, le coût de la lutte contre le changement climatique serait évalué à seulement 1 % du PIB par an contre 5 à 20 % du PIB mondial si nous dépassons les 2 °C de réchauffement. Le rapport

Stern de 2006 est d'une utilité immense car, pour la première fois, il fournissait une évaluation économique des conséquences du dérèglement climatique en utilisant le PIB, l'indicateur le plus familier. Rien de mieux pour convaincre les dirigeants d'agir. Le manque d'action de nos dirigeants malgré le retentissement international de ce rapport nous enseigne que même si de meilleurs indicateurs de mesure sont nécessaires pour savoir où nous allons, ils ne servent à rien si personne n'y prête attention.

États-Unis/Chine : l'accord insignifiant

Le refus des États-Unis de ratifier le protocole de Kyoto et celui de la Chine de prendre des engagements contraignants sur ses émissions de CO_2 ont fortement freiné l'avancement des négociations internationales sur le climat. En novembre 2014, ces deux pays (on les appelle souvent le G2 du climat) ont annoncé un accord sur la lutte contre le changement climatique engageant une baisse des émissions des États-Unis d'ici à 2025 et un pic des émissions de la Chine d'ici à 2030. Il s'agissait d'une première pour la Chine et du premier accord sur le climat de l'histoire entre ces deux pays. Il semble ainsi être une avancée « historique », ne serait-ce que parce qu'il atteste d'une prise en compte du problème de la part des deux plus gros émetteurs de gaz à effet de serre au monde (41 % des émissions mondiales à eux deux). Malheureusement, au-delà de la symbolique et au regard de l'objectif de 2 °C, les mesures prises par les deux pays restent largement insuffisantes et cet accord n'envoie pas forcément un bon signal aux autres pays sur la manière de traiter la question climatique.

Bien qu'étant respectivement la première et la deuxième puissance économique mondiale, les États-Unis et la Chine sont des pays au niveau de développement et à la structure de l'économie radicalement opposés. La Chine émet 9,9 milliards de tonnes de CO_2 contre 5,2 milliards de tonnes pour les États-Unis, mais sa population est de 1,3 milliard d'habitants contre 316 millions pour les États-Unis, ce qui signifie qu'un Américain émet trois fois plus de CO_2 qu'un Chinois[30].

Les émissions de CO_2 par unité de PIB sont également bien plus élevées dans le cas de la Chine que dans celui des États-Unis. Cela s'explique principalement par le fait que les États-Unis ont une répartition des secteurs économiques largement en faveur du secteur tertiaire (les services) : il représente 79,6 % contre 34,1 % pour la Chine. Or, l'intensité énergétique mesurant la consommation mondiale d'énergie par unité de volume de PIB est plus forte dans les secteurs primaires et secondaires que dans le tertiaire. La structure de l'activité économique chinoise est par définition plus génératrice d'émissions de CO_2 et son acheminement vers une économie de services, comme c'est le cas dans les économies développées aujourd'hui, devrait diminuer son intensité énergétique.

---

30. 17,5 tonnes de CO_2 par habitant pour un Américain contre 6,19 pour un Chinois.

Les États-Unis et la Chine, bien que proches dans les classements, sont en réalité deux économies complètement différentes et un Chinois moyen est loin de vivre aussi bien qu'un Américain. Cet écart était encore plus grand en 1997 au moment de la ratification du protocole de Kyoto. Dans ces conditions, on peut imaginer la complexité des débats lors des conférences sur le climat. Lorsque les États-Unis demandaient à la Chine de fixer un engagement contre le réchauffement climatique, la Chine lui renvoyait l'argument des émissions par tête et le fait que les États-Unis, tout comme l'ensemble des pays industrialisés, ont une dette carbone historique. Rappelons qu'au XXe siècle, les pays de l'OCDE ont été responsables de deux tiers des émissions mondiales. Dans ces conditions, on comprend mieux pourquoi il a été si difficile de trouver un accord ces quinze dernières années et pourquoi la plupart des observateurs ont qualifié d'« historique » l'accord entre les États-Unis et la Chine.

Mais sur le fond, les objectifs de l'accord annoncé par Barack Obama et Xi Jinping sont plutôt banaux pour ne pas dire quasiment insignifiants. Pour la première fois, la Chine s'engage sur un pic de ses émissions de gaz à effet de serre autour de 2030 avec l'intention « d'essayer d'y arriver plus tôt ». Elle annonce également l'objectif d'atteindre 20 % d'énergies propres dans sa production énergétique d'ici à 2030. De leur côté, les États-Unis se sont engagés à réduire leurs émissions de gaz à effet de serre de 26 à 28 % par rapport à 2005 d'ici à 2025.

Cependant ces objectifs restent largement insuffisants pour rester sous les 2 °C de réchauffement prôné par le GIEC. Hormis le fait que pour la première fois les États-Unis et la Chine ont réussi à s'entendre, l'accord n'a rien d'historique. Concernant la Chine, un pic « autour de 2030 » est une date lointaine qui ne l'empêche pas de continuer à augmenter ses émissions pendant une quinzaine d'années. Dans quinze ans, l'économie de la Chine passera progressivement du secondaire vers le tertiaire. Les émissions de CO_2 diminueront avec la déformation de l'activité économique. En réalité, ce que propose la Chine, c'est de ne fixer aucune contrainte à son développement comme l'on fait les pays industrialisés au XXe siècle. Fixer un pic à 2030 revient à se donner le droit de se développer sans tenir compte du réchauffement climatique, alors même que l'ensemble des experts préconisent que le pic des émissions chinoises doit intervenir bien avant 2030 pour tenir les objectifs du GIEC. L'organisme préconise d'ailleurs la date de 2020 comme date nécessaire pour le pic mondial des émissions.

Concernant les États-Unis, l'objectif de réduction de 26 à 28 % des émissions de gaz à effet de serre à l'horizon 2025 par rapport à 2005 correspondrait à une baisse de seulement 10 à 15 % par rapport à 1990 (année de référence utilisée par l'Europe et la plupart des autres pays développés). À titre de comparaison, l'Europe s'est fixé un objectif de diminuer ses émissions d'au moins 40 % en 2030 par rapport à 1990. De son côté, le GIEC préconise une réduction des émissions des pays industrialisés de 80 à 95 % d'ici à 2050 par rapport à 1990. Les États-Unis sont loin de ces objectifs aujourd'hui.

Il est clair que la réussite de la COP 21 ne dépend pas seulement de l'engagement du G2 et de l'Europe. L'engagement de l'ensemble des pays développés et émergents est crucial. Or, on constate depuis la COP 15 à Copenhague que certains pays développés sont de plus en plus réticents. C'est le cas du Canada qui s'est retiré du protocole de Kyoto alors qu'il n'arrivait pas à atteindre son premier objectif. Mais également du Japon qui ne s'est pas engagé sur un second Kyoto. L'Australie, depuis l'élection du Premier ministre Tony Abbott en septembre 2013, recule sur les questions climatiques et environnementales de manière inquiétante. L'opposition entre transition écologique et croissance économique est l'argument principal de M. Abbott qui fait preuve d'une pensée archaïque. Déclarations climato-sceptiques, annulation de la taxe carbone nationale, affaiblissement du budget pour la politique environnementale… les exemples ne manquent pas pour démontrer son hostilité et ainsi celle du gouvernement à l'égard de la préservation du climat et de l'environnement. L'Australie pourrait être un adversaire redoutable dans la bataille de Paris.

Il en va de même pour la Russie. En plus de sa position hostile à la deuxième période de Kyoto, sa contribution à l'accord de la COP 21 soumise en avril 2015 atteste d'un engagement pour le moins ambigu. Certes, elle montre bien un objectif de

25 % à 30 % de réduction d'émissions de gaz à effet de serre par rapport à 1990 d'ici à 2030, mais en y intégrant l'absorption du CO_2 par ses forêts dans la méthodologie de calcul. De cette façon, la Russie peut s'exonérer d'une partie des efforts nécessaires pour réduire l'intensité carbone de son économie.

Les pays émergents, tels que l'Afrique du Sud, le Brésil, l'Inde et le Mexique, joueront également un rôle clé dans les négociations climatiques de Paris. Or, leur engagement a été mitigé jusqu'à présent. Du point de vue de la transition énergétique au niveau national ou local, nous observons quelques tendances positives comme, par exemple, le développement important des énergies renouvelables en Afrique du Sud, au Brésil et en Inde. Par exemple, l'Inde s'est fixé en 2015 un objectif de 100 GW de production d'électricité solaire d'ici à 2022 et financera ce développement en augmentant les taxes sur les énergies fossiles. Cependant, les engagements des pays émergents ne sont pas encore suffisamment concrets dans l'arène des négociations internationales. Tenant l'argument que ce sont les responsables historiques du changement climatique qui doivent d'abord montrer l'exemple, ils n'ont jamais pris d'engagements chiffrés et contraignants sur la réduction de leurs émissions de gaz à effet de serre.

Les pays de l'OPEP du Moyen-Orient ne doivent pas non plus être exclus de leur responsabilité dans la lutte contre le dérèglement climatique. Il est indéniable que leur modèle économique repose sur l'exploitation de leurs ressources pétrolières et gazières et qu'un engagement chiffré sur les émissions de gaz à effet de serre n'est pas dans leur intérêt. Cependant, il faut noter que certains de ces pays, notamment le Qatar et les Émirats arabes unis, semblent, depuis plusieurs années, vouloir se lancer dans la recherche sur les énergies renouvelables et l'efficacité énergétique. La création de Masdar à Abu Dhabi, ville laboratoire de la transition énergétique à 100 % renouvelable, est un projet parmi d'autres qui révèlent une certaine sensibilité de ces pays à la transition énergétique, même si au niveau international, tout comme les autres, aucun engagement chiffré n'a été pris.

Ainsi, le paysage de la coopération internationale sur le climat est bien plus complexe aujourd'hui qu'il y a six ans. Contrairement à Copenhague, l'attention n'est plus focalisée uniquement sur la Chine, les États-Unis et l'Europe mais sur l'ensemble des acteurs. Nous faisons face à une dynamique plus horizontale avec de moins en moins de leaders incontestables.

Le succès de la COP 21 dépendra donc de l'engagement de tous les pays – développés, émergents et même en développement. Tenant compte de la diversité des niveaux de développement et des conditions socio-économiques, il serait pertinent de revoir la catégorisation des pays de la convention car il n'est plus logique qu'un pays comme le Tchad, avec des émissions de CO_2 par habitant quasiment nulles, soit dans la même catégorie (hors Annexe 1) que les Émirats arabes unis qui ont des émissions par tête parmi les plus élevées de la planète.

Néanmoins, une attention particulière reste sur les États-Unis et la Chine. En annonçant des objectifs, ils peuvent inciter d'autres pays réticents à le faire. Par contre, en entretenant une relation bilatérale et en fixant des objectifs mous sur des années de référence établies à leur guise, ils délégitiment les conférences sur le climat et montrent à la communauté internationale que la question climatique peut se gérer comme le dit l'expression française : « Où tu veux, quand tu veux, comme tu veux ».

Sortons du déni et relevons le défi climatique

Jusqu'à présent, les États ont préféré la posture du déni climatique plutôt que celle du défi. Les COP successives ont échoué dans la signature d'un accord universel (engageant tous les pays), contraignant (obligeant les pays à respecter leurs engagements) et ambitieux (suffisamment pour atteindre l'objectif des 2 °C) sur le climat. L'objectif de la COP 21 est d'y remédier.

Mais, il est fort probable que la COP 21 accouche d'un accord qui soit contraignant dans la forme plutôt que dans le fond. Au lieu de s'engager sur des objectifs chiffrés et contraignants de réduction des émissions de gaz à effet de serre, les États vont probablement s'engager à prendre des mesures au niveau national et à communiquer sur elles de manière régulière. L'administration de Barack Obama semble privilégier ce type d'accord car ce dernier ne nécessiterait pas une ratification par le Sénat[31] et pourrait être transposé au niveau national par voie exécutive.

Ainsi, l'aspect contraignant de l'accord se limitera probablement au minimum d'engagement par les États et laissera place à des communications par la suite sur leurs objectifs nationaux volontaires[32]. Ce type d'engagement permettra à la communauté internationale et au grand public de mieux suivre et de comparer les contributions de chaque pays. Le but étant d'engendrer une pression sur les pays qui auraient des objectifs insuffisants selon le principe du *name and shame game*.

Mais ce jeu de pression sur les mauvais élèves ne pourra fonctionner que si certains pays prennent des mesures radicales. C'est dans ce contexte que nous faisons dix propositions de rupture. Certaines peuvent être appliquées individuellement par chaque État, d'autres vont nécessiter un engagement global pour être des éléments figurant dans un accord. Le but de ce chapitre est simplement de montrer que nous avons les moyens d'affronter le réchauffement climatique, qu'une autre voie existe

31. Rappelons que deux tiers des voix au Sénat sont nécessaires pour ratifier un traité international aux États-Unis.

32. Les États s'étaient engagés à la COP 20 à Lima à prendre des engagements volontaires et à les communiquer courant 2015. Ces communications correspondaient à des « contributions » à l'accord de la COP 21 et ont permis d'évaluer, avant son ouverture, l'effort global dans la lutte contre le changement climatique.

et qu'il appartient aux dirigeants de la planète de s'y engager le plus rapidement possible.

1. Comprendre que la lutte contre le réchauffement climatique n'est pas l'ennemi de l'activité économique

La lutte contre le changement climatique est une opportunité économique et non pas une contrainte. La création d'emplois et de richesse dans l'économie verte est avérée dans de nombreux pays. Les coûts des technologies et des énergies propres diminuent constamment. Protéger l'environnement réduit les coûts de santé pour les citoyens et les collectivités. Enfin, les entreprises sont plus compétitives lorsqu'elles sont plus économes en ressources.

Mais pour cela, il est primordial de changer d'indicateurs de mesure. Nous l'avons vu précédemment, la croissance est loin d'être un indicateur parfait ; il faut y ajouter d'autres mesures pour la compléter. Le problème principal de cet indicateur est qu'il ne distingue pas la bonne croissance de la mauvaise. Une augmentation de la production de charbon devrait être comptabilisée différemment dans la croissance économique car elle est une régression dans l'évolution des systèmes énergétiques. De même, doit-on comptabiliser de la même façon l'augmentation de la production de céréales, sachant que la production actuelle permet de nourrir 11 milliards d'individus alors que la population mondiale est de sept milliards et que deux milliards d'individus souffrent de la faim ? On comprend bien dans ce cas qu'il s'agit d'un problème de répartition plus que de croissance et qu'il faut plutôt inciter les producteurs à augmenter la qualité plutôt que les volumes.

Par contre, une croissance dans les énergies renouvelables, dans les technologies vertes et dans les secteurs liés à l'efficacité énergétique est nécessaire. Il faut absolument compléter la mesure de la croissance par d'autres indicateurs permettant de mieux différencier la bonne et la mauvaise croissance. On pourrait même aller plus loin à la manière de la société énergéticienne allemande E.ON en comptabilisant différemment les activités de l'ancien monde (activités au coût carbone élevé) et du nouveau monde (celles à bas carbone). Par ailleurs, il est indispensable de promouvoir la création d'emplois dans ces filières vertes et surtout d'accompagner – avec des formations appropriées – la conversion des emplois existants, notamment dans les filières vouées à la décroissance telles que celles des énergies fossiles.

2. Agir pour obtenir un accord plutôt que d'attendre un accord pour agir

Les blocages aux différentes conférences sur le climat viennent principalement du fait que la plupart des pays refusent de faire des efforts si les autres n'en font pas. Chacun partant du principe que ses efforts individuels ne serviraient à rien s'ils représentent une faible part des émissions totales de gaz à effet de serre. Cette vision est en réalité extrêmement simpliste car elle néglige l'interdépendance et les effets d'imitation entre pays. Si l'Europe se lance pleinement dans la transition énergétique et refuse de consommer des produits importés au coût carbone élevé, elle oblige les autres pays à s'adapter et finalement les amène vers des mécanismes de production plus sobres. Ce phénomène serait encore plus fort s'il venait de la première puissance mondiale, les États-Unis. Et puis, les pays industrialisés seraient dans une meilleure position pour négocier avec les pays émergents s'ils étaient eux-mêmes exemplaires dans la lutte contre le réchauffement climatique.

Plutôt qu'une position volontariste, la position qui domine aujourd'hui est celle du « passager clandestin » qui consiste à en faire le moins possible tout en bénéficiant des efforts d'un autre. Cette posture s'est avérée être contre-productive comme le montrent les faibles avancées depuis le protocole de Kyoto dans les différentes COP. Pourtant, à travers le monde, de nombreux acteurs non-étatiques se sont déjà engagés : c'est le cas de plusieurs collectivités locales. En juillet 2015 à Lyon, le CGLU (Cités et gouvernement locaux unis) a organisé un Sommet mondial des collectivités locales sur le climat afin de montrer que les territoires sont prêts à accélérer la transition écologique. Les dirigeants doivent encourager et impulser cet engagement des collectivités en favorisant leur capacité d'expérimentation et de portage de projets.

3. Développer massivement les énergies renouvelables

Nous l'avons vu, les énergies polluantes se sont énormément développées ces quinze dernières années. Les énergies renouvelables ont également progressé mais pas suffisamment pour prendre des parts de marché aux énergies traditionnelles. Force est de constater que nos bilans énergétiques n'ont pas énormément changé depuis la fin du XXe siècle.

Une des premières choses à faire serait de réorienter les subventions aux énergies fossiles vers les énergies renouvelables. Ensuite, il faudrait que l'État s'engage de manière plus volontaire dans leur développement. Rappelons que le développement des énergies est extrêmement politique. Jamais les forces du marché n'auraient permis à la filière nucléaire de se développer autant en France. La part du nucléaire dans notre bilan énergétique dépend principalement de l'appui de l'État qui a misé pleinement sur cette énergie à partir des années 1960. Aujourd'hui, il faudrait que les gouvernements choisissent les nouveaux gagnants (énergies renouvelables et efficacité énergétique) comme ils l'ont fait auparavant avec d'autres énergies.

Le premier argument utilisé pour freiner cette transition est le coût des énergies renouvelables par rapport aux énergies traditionnelles. Mais cet argument ne tient plus. Pour produire de l'électricité, la Deutsche Bank estime que le solaire est aussi compétitif que le charbon, le gaz ou le nucléaire sur la moitié du marché mondial et le coût de production du photovoltaïque a été divisé par huit en vingt ans[33]. Les coûts décroissants des énergies renouvelables alors qu'elles sont encore en phase d'apprentissage sont autant de signaux qui nous indiquent qu'elles sont des filières d'avenir. Les énergies renouvelables seront d'autant plus compétitives que leur développement sera associé à la rénovation des bâtiments qui entraînera une baisse des volumes consommés et in fine de la facture des ménages.

Le deuxième argument est celui de l'intermittence des énergies renouvelables comme le solaire et l'éolien (le solaire ne produit de l'énergie que le jour et les éoliennes que lorsqu'il y a du vent). Mais cette raison n'est qu'un épouvantail car il est possible de mettre en avant les énergies renouvelables puis d'utiliser des centrales à gaz en *backup* pour lisser les productions d'énergies dans un premier temps en attendant que les technologies de stockage d'électricité, qui sont en cours d'industrialisation[34], se développent à grande échelle[35].

Enfin, il est important de noter que la filière des renouvelables est aussi compétitive qu'elle est créatrice d'emplois, notamment par rapport aux énergies non-renouvelables. Une étude de l'Université

---

33. Pascal Canfin et Peter Staime, *30 questions pour comprendre la conférence de Paris*, Paris, Éditions Les petits matins, 2015.

34. Il suffit de regarder la dernière batterie de Tesla.

35. Cela ne signifie pas promouvoir le développement du gaz mais bien d'insérer temporairement dans un système énergétique pro-renouvelable le gaz en rôle de soutien à l'intermittence.

du Massachusetts montre qu'un investissement d'un million d'euros crée 19 emplois dans l'efficacité énergétique, 14 dans les énergies renouvelables contre 5 dans le nucléaire[36]. Les solutions sont donc à portée de main et la révolution énergétique est en cours, il appartient maintenant aux dirigeants de faire en sorte que la vitesse de la transition s'accélère.

4. Investir dans l'efficacité et la maîtrise de notre consommation énergétique

L'énergie la plus propre est celle qui n'est pas consommée. La sobriété énergétique, qui repose sur une efficacité et une maîtrise de notre consommation énergétique, est le deuxième pilier de la transition énergétique et doit bénéficier d'une politique ambitieuse. L'amélioration de l'efficacité énergétique peut se faire dans plusieurs secteurs, comme la production énergétique, l'industrie, l'agriculture, les transports ou les bâtiments, et permet d'augmenter la compétitivité des entreprises et le pouvoir d'achat des citoyens.

Dans le secteur des bâtiments, des gains importants sont possibles grâce à la rénovation énergétique. En France, les bâtiments sont responsables de 44 % de la consommation d'énergie et de 25 % des émissions de gaz à effet de serre. Le président de la République avait fixé un objectif de rénovation de 500 000 logements par an. Nous sommes encore

---

36. Political Research Institute, Université du Massachusetts.

loin du compte. L'argument principal étant que les rénovations sont coûteuses et que l'État n'a pas suffisamment d'argent pour engager un vaste programme de financement public des bâtiments. Cet argument est faux pour deux raisons.

La première est que réduire la consommation énergétique des bâtiments génère des gains pour l'État. L'exemple de l'Allemagne est probant. Une étude de l'IDDRI montre qu'à chaque euro investi dans la rénovation, l'État allemand récupère deux à quatre euros via les impôts dus à l'activité générée. La dépense publique n'a rien de malsain économiquement quand on investit dans des secteurs permettant d'avoir des retours sur investissement.

La deuxième raison est que certains pays comme la France ont accès à des financements dont les taux d'intérêt sont extrêmement bas, ce qui est très propice à une relance économique dans ces secteurs d'avenir. Pour ce qui est des pays émergents ou pauvres, qui ont accès moins facilement aux financements, il faut absolument que les pays riches les soutiennent par la levée de fonds publics et privés, notamment via le Fonds vert. Il faut également faire en sorte que les financements soient plus faciles à obtenir quand il s'agit de projets à bas carbone et que les entreprises du BTP des pays industrialisés s'engagent sur des normes minimums d'efficacité énergétique, y compris dans leurs projets avec les pays du Sud.

Enfin, la rénovation énergétique des bâtiments doit être aussi passive (par l'isolation des toitures, des fenêtres…) qu'elle doit être active (permettre un réel pilotage de la consommation par les industriels ou les ménages). À ce titre, un grand investissement et une mise à disposition des technologies de maîtrise de la consommation énergétique sont nécessaires. Ces innovations doivent également se diffuser rapidement aux pays émergents ou pauvres en allégeant le régime de protection intellectuelle. Toutes les technologies permettant aux consommateurs de piloter leur demande sont de véritables révolutions et permettront de faire des économies d'énergies importantes. Même si le progrès technique n'est pas l'unique solution et que beaucoup le mettent en avant pour se dédouaner des autres efforts nécessaires à réaliser, il est clair que son rôle dans la lutte contre le réchauffement climatique est indéniable.

5. Donner un prix juste et équitable au carbone

Nous l'avons expliqué précédemment, le signal-prix n'est pas constamment efficace et la fixation d'un prix du carbone ne sera pas la solution miracle pour lutter contre le réchauffement climatique. Néanmoins, il reste un instrument relativement efficace à partir du moment où l'on respecte certaines règles. L'exemple du marché du carbone européen nous a montré que la création d'un marché mondial pourrait s'avérer être un exercice difficile notamment parce que la fixation des quotas de CO_2 alloués entraînerait de nombreux débats et que l'on peut facilement imaginer que, sous la pression des différents États, ces quotas seront suralloués, entraînant les mêmes effets que le marché du carbone européen, c'est-à-dire un prix dérisoire.

Une taxe serait bien plus efficace mais si chaque État doit la fixer alors il est possible que certains soient incités à annuler cette taxe via des subventions et ainsi jouer le jeu de la compétition fiscale. Enfin, une taxe carbone uniforme fixée par une instance multilatérale ne trouverait probablement pas l'adhésion de tous car jugée injuste compte tenu des inégalités de développement des pays.

Un prix du carbone progressif en fonction du niveau de développement pourrait être une solution plus juste et donc plus facilement acceptable. L'idée est de fixer un prix de référence du carbone en fonction de l'IDH (indice de développement humain) et des émissions de CO_2 consommées[37]. Pour un niveau d'IDH donné, les pays paieraient donc un prix du carbone en fonction d'un prix de référence fixé par une organisation multilatérale. Si le pays consomme plus d'émissions que le niveau attribué à son niveau d'IDH alors il paiera un prix du carbone plus élevé que le prix de référence établi dans le barème. Le prix de référence du carbone augmentant avec l'IDH, les pays émergents seront plus incités à développer rapidement les énergies vertes et à investir dans les systèmes bas carbone. Enfin, les pays riches paieront un prix du carbone plus élevé et seront donc incités à accélérer leur transition énergétique.

La fixation d'un tel prix du carbone permettrait de respecter le principe de « responsabilité commune

37. Voir l'article de Raphaël Homayoun Boroumand, Thomas Porcher et Thomas Stocker, « COP 21 : pour un prix du carbone équitable et progressif », *Le Monde*, 9 septembre 2015.

mais différenciée » de la convention climat mais également de ne pas opposer compétitivité et lutte contre le réchauffement car les systèmes de production les plus sobres seront ceux qui paieront le prix du carbone le moins élevé.

6. Protéger la biodiversité et les écosystèmes

Il est impossible de lutter efficacement contre le dérèglement climatique sans en même temps lutter contre la perte de la biodiversité. Préserver la biodiversité revient à limiter le réchauffement climatique et vice versa. La biodiversité et les écosystèmes sont des puits de carbone naturels, à l'image des forêts, des algues ou du plancton. Ils assurent un équilibre et un bon fonctionnement des cycles naturels de la planète, lui permettant justement de mieux s'adapter à des changements de climat.

Cependant, la crise de la biodiversité est flagrante et empire. Comme le démontre le rapport de WWF publié en septembre 2014, la moitié des espèces animales de la planète ont disparu dans les quarante dernières années. Selon *l'Évaluation des écosystèmes du millénaire*, 60 % des écosystèmes de la planète sont dégradés à cause de l'activité humaine[38].

La communauté internationale est mobilisée sur la question. Comme sur le climat, des négociations internationales sur la biodiversité se tiennent

38. *Millenium Ecosystem Assessment*, 2005.

chaque année dans le cadre de la Convention des Nations unies sur la diversité biologique (la CDB, signée au Sommet de la Terre de Rio en 1992, en même temps que la convention climat). La France est d'ailleurs en cours de transposer en droit national certaines dispositions de la CDB dans son projet de loi sur la protection de la biodiversité, en cours d'examen au Parlement.

Au-delà de leur rôle dans le réchauffement climatique, la biodiversité et les écosystèmes apportent des services à l'homme, appelés services éco-systémiques, qui sont soit irremplaçables, soit très chers à reproduire. Il s'agit par exemple de la dépollution d'une zone d'activité ou des cours d'eau à proximité grâce à la biodiversité. En 1997, plusieurs chercheurs, dont Robert Costanza, ont chiffré la valeur de ces services éco-systémiques à 33 000 milliards de dollars par an à l'échelle mondiale (contre un PIB mondial de 18 000 milliards de dollars)[39]. Le génie écologique – approche à l'ingénierie qui consiste à valoriser l'écologie scientifique – et le bio-mimétisme – le fait d'améliorer les produits et les modes de production grâce à l'observation des animaux et des plantes – sont également des formidables opportunités d'innovation technologique et de créations d'emplois. L'avion, dont la construction s'est inspirée de l'observation des oiseaux, en est l'exemple.

39. Robert Costanza *et al.*, « The value of the world's ecosystem services and natural capital », *Nature*, vol. 387, 15 mai 1997, p. 253-260.

La lutte contre le réchauffement climatique et la préservation de la biodiversité sont donc les deux faces d'une même pièce. Il est essentiel d'adopter une approche globale.

7. Activer le levier de l'éducation et de l'enseignement supérieur

Le dérèglement climatique et la perte de la biodiversité sont des phénomènes complexes. Donner une longueur d'avance aux générations futures est primordial. D'autant plus que, faute de résoudre les problèmes environnementaux, ce sont bien les jeunes d'aujourd'hui qui en subiront de plein fouet les conséquences.

L'éducation à l'environnement et au développement durable n'est pas une nouveauté. Les États ont abordé le sujet au Sommet de la Terre de Rio en 1992 en adoptant plusieurs articles qui traitent de l'importance de l'éducation et de la science sur l'environnement, ainsi que de l'accès à l'éducation, notamment pour les femmes et les enfants dans les pays pauvres. En France, la première circulaire sur l'éducation à l'environnement date de 1977. Aujourd'hui, il importe d'opérer une « révision écologique » de l'ensemble des programmes scolaires. Éduquer les enfants sur les enjeux du climat et de la biodiversité avec une approche pluridisciplinaire est essentiel. Favoriser davantage les sorties scolaires et le contact avec la nature, de la maternelle jusqu'à la terminale, est une solution à ne pas négliger. De nombreuses études sur la scolarité constatent que cela apporte des bénéfices pour l'élève, en plus d'une sensibilité à la protection de l'environnement.

Des progrès ont été réalisés dans l'enseignement supérieur en matière de prise en compte de l'environnement. La prolifération des rapports scientifiques et les disciplines de l'économie et du droit à l'environnement qui figurent dans grand nombre de programmes d'universités et de grandes écoles en témoignent. Cependant, l'écologie demeure encore souvent une niche disciplinaire ou une cause portée par trop peu d'enseignants. Elle est loin d'être traitée de manière transversale. Des disciplines comme la micro et la macroéconomie, le commerce et la finance doivent aujourd'hui intégrer les enjeux écologiques. Il en va de même pour l'enseignement des affaires et des finances publiques qui compartimentent encore trop les questions climatiques et environnementales. Des formations et des tests obligatoires pour les enseignants et les élèves dans les universités et les grandes écoles pourraient être envisagés.

8. Définir un nouveau modèle d'économie : l'économie circulaire

Depuis plus de deux siècles, nous avons développé une économie linéaire. Elle est fondée en grande partie sur l'extraction de ressources, sur la transformation de ces matières pour la fabrication de produits, la consommation de ces biens et enfin la production de déchets. Nous faisons des progrès dans le domaine du recyclage, mais notre modèle reste majoritairement linéaire pour autant. Les déchets contribuent chaque année à 3 % des émissions de gaz à effet de serre, mais cela sans prendre en compte les émissions engendrées par l'extraction de ressources. Pour donner un exemple national, chaque habitant en France produit 354 kilos d'ordures ménagères par an[40]. À l'échelle mondiale, nous observons même un sixième continent composé de déchets dans les océans.

L'empreinte écologique ne se trouve cependant pas qu'en aval mais surtout en amont de notre consommation. Les ressources naturelles diminuent drastiquement sur toute la planète. La Terre met à disposition de l'homme et des autres êtres vivants une quantité de ressources naturelles qui sont renouvelables, faute de surconsommation. Il s'agit en quelque sorte d'un « budget écologique ». Or, depuis les années 1970, l'homme dépasse ce budget chaque année, et ce, de plus en plus tôt : en 2000, ce jour était le 1er novembre ; en 2005, le 20 octobre ; en 2014, le 19 août ; et en 2015, le 13 août. Il est indéniable que notre consommation pèse de plus en plus sur les capacités de la planète. Si les sept milliards d'individus qui la peuplent vivaient comme un Américain, il faudrait cinq planètes, trois s'ils vivaient comme un Français.

40. Zero Waste France.

Seul un changement de modèle économique et de rapport à la consommation peut rectifier cela.

C'est pourquoi l'économie circulaire doit être le modèle économique du XXIe siècle. Dans un premier temps, cela va reposer sur l'écoconception des produits. Il s'agit de concevoir et de fabriquer un produit de manière à anticiper sa fin de vie et la réutilisation de ses composants. L'écoconception ouvre un vaste champ des possibles en matière d'innovation. Bien évidemment, l'obsolescence programmée, c'est-à-dire le contraire de l'écoconception, devrait être tout simplement interdite comme vient de l'acter la France dans sa loi sur la transition énergétique pour la croissance verte (adoptée au Parlement fin juillet 2015).

Dans un deuxième temps, l'économie circulaire nécessite de recycler, de réutiliser et de valoriser les matériaux le plus possible. Les déchets ne devraient plus être perçus en tant que tels mais comme des ressources. Cette approche circulaire peut s'appliquer dans tous les secteurs économiques, que ce soit pour les produits industriels (ex. : remettre dans les circuits de production les matériaux du BTP), les produits alimentaires (ex. : faire du compost et donc renvoyer les bio-déchets à la terre) ou encore les ressources énergétiques (ex. : stocker et partager l'énergie renouvelable produite localement). Non seulement ce modèle entraîne moins d'extraction de ressources et de fabrication, et ainsi moins d'émissions de gaz à effet de serre et de dégradation environnementale, mais en plus il renforce la compétitivité des acteurs économiques. Une industrie et une agriculture économes en énergie, en eau ou en matières premières sont bien plus performantes et davantage à l'abri de la volatilité des prix des ressources. Selon la Fondation MacArthur, l'économie circulaire pourrait générer des économies de 630 milliards de dollars pour l'Europe d'ici à 2025[41].

Enfin, l'économie circulaire est particulièrement compatible avec plusieurs autres modèles économiques qui sont vertueux sur le plan environnemental et social. L'économie circulaire est plus intéressante sur le plan économique lorsqu'elle utilise des circuits courts de fabrication, de réutilisation et de transport des ressources. Elle se prête à une économie de proximité qui, ainsi, réduit l'empreinte écologique et favorise le lien social. Parce qu'elle favorise des activités locales, à plus faibles coûts et impliquant un partage de ressources, l'économie circulaire est souvent mise en œuvre par des associations ou des entreprises de l'économie sociale et solidaire (ESS). Il n'est pas surprenant que l'ESS fasse preuve de plus de stabilité face aux conjonctures économiques que l'économie traditionnelle. Même avec la crise de 2008, les emplois dans l'économie sociale et solidaire ont crû de 23 % depuis dix ans en France. Enfin, l'économie circulaire incite à la location des biens, plutôt qu'à leur achat.

Économie sociale, collaborative, du partage et de la fonctionnalité… tels sont les qualificatifs de ces économies parallèles qui se répandent de plus en plus et qui méritent d'être généralisées. Toutes permettent de dynamiser l'activité locale, de replacer

41. MacArthur Foundation, *Towards a Circular Economy*, 2012.

l'homme au cœur de l'activité et de réduire directement ou indirectement son empreinte écologique. Elles ouvrent la voie à une consommation plus sobre en ressources et à des activités économiques plus soutenables. De la même manière que notre planète est caractérisée par des cycles naturels, l'activité humaine doit reboucler les boucles et se relocaliser.

9. Soumettre l'OMC et les traités de libre-échange aux objectifs du GIEC

Actuellement, les traités de libre-échange et l'OMC ne prévoient aucune clause sur le climat et n'abordent cette question que par le biais des échanges de biens et de services environnementaux. Il faudrait aller beaucoup plus loin en soumettant ces échanges à la contrainte climatique de 2 °C et en établissant un véritable code normatif sur les procédés et méthodes de production des biens échangés dans un double souci environnemental et social. Le but est de réorienter les principes et les objectifs du libre-échange pour qu'ils s'ouvrent aux trois piliers du développement durable tel qu'il fut pensé en 1987 dans le rapport Brundtland (intitulé *Notre avenir à tous*) : le pilier économique, social et écologique. Ainsi, la séparation que l'OMC maintient entre commerce et environnement disparaîtrait.

Sous cette condition, les flux d'échanges permettraient de converger vers un modèle plus exigeant en matière d'environnement et de droits sociaux. Et pour éviter d'en faire un levier de protectionnisme afin d'empêcher les pays en développement de participer aux échanges, des transferts de technologie plus propres accompagnés de compensations financières (notamment par le biais du Fonds vert) pourraient être proposés à ces pays.

Dans ces conditions, l'espace de concurrence serait volontairement réduit. Il se ferait sous la contrainte climatique et selon des normes plus élevées. Du point de vue de la science économique, cela n'a rien d'exceptionnel et l'histoire économique des deux derniers siècles nous montre que nous avons imposé au marché de nombreuses limites en interdisant le travail des enfants, en réduisant le temps de travail, etc. Or, aujourd'hui, ces limites sont largement admises dans de nombreux pays et tendent à se propager aux pays en phase d'industrialisation. Actuellement, dans la majorité des pays, personne n'aurait à l'idée de faire travailler un enfant de 6 ans, et les pays qui ont des réglementations trop permissives avec le travail des enfants sont régulièrement dénoncés. Pour que la concurrence soit efficace sur le court comme sur le long terme, il faut qu'elle se fasse de manière encadrée. Soumettre l'OMC aux objectifs du GIEC serait une avancée majeure.

10. Créer un G7 de l'environnement

Comme nous l'avons dit précédemment, le développement du monde de demain ne doit plus se faire avec les mêmes critères. L'activité économique et la coopération à toutes les échelles – mondiales, nationales et locales – doivent intégrer les données climatiques, environnementales et sociales de manière bien plus performante. Ceci doit se faire dans les instances qui existent – les COP, les réunions de l'OMC, du G7, du G20, le Forum de Davos. Mais l'urgence nous oblige à penser à de nouveaux outils qui pourraient accélérer la mutation écologique de l'économie mondiale.

Le G7 est considéré comme le groupement des plus grandes puissances économiques mondiales. Parmi d'autres critères (géopolitiques, militaires…), le PIB est déterminant dans la sélection des pays qui en font partie. À l'aune des enjeux environnementaux et sociaux du XXIe siècle, ce choix fait preuve d'un certain archaïsme dans l'interprétation de la performance économique et du bien-être des citoyens. Sans prôner sa disparition, il est cependant utile de créer un G7 de l'environnement qui servira de complément, voire de contre-pouvoir au G7 traditionnel. Ce groupement devrait se faire à partir de critères de prise en compte du climat, de l'environnement, de la santé publique, de la redistribution des richesses et du bien-être général des habitants. De nombreuses études existent et permettent d'évaluer les pays candidats à un tel groupe. Le *World Happiness Report* coordonnée par Jeffrey Sachs en 2015 évoque plusieurs pays ayant mené des politiques fondées sur le bien-être des habitants et la préservation de l'environnement, tel le Bhoutan. L'étude du *Happy Planet Index* de la New Economics Foundation a classé les pays en fonction de l'espérance de vie, le bien-être et l'empreinte écologique. Le Costa Rica arrive en premier (les États-Unis en 105e position, la France et l'Allemagne en 50e et 46e positions). Il s'agirait en composant ce groupe de prendre en compte des ressources environnementales précieuses pour la planète, telle la forêt d'Amazonie.

L'objectif de ce G7 de l'environnement serait de faire avancer le nouveau paradigme économique, social et environnemental, en diffusant les bonnes pratiques, en prenant des engagements communs, et en faisant basculer plus rapidement les logiciels intellectuels.

Conclusion

Depuis vingt ans, les connaissances scientifiques sur le dérèglement climatique s'accumulent. Nul ne peut ignorer aujourd'hui quelles sont les causes et les conséquences de notre activité sur la planète. Pourtant, les dirigeants s'enferment dans le déni climatique en continuant à développer (et à subventionner) les énergies polluantes, en ratifiant des traités qui prônent les échanges internationaux sans clause sur le climat et en misant sur le marché pour qu'il fournisse des technologies miraculeuses.

Il est clair qu'il est plus simple de proposer des solutions à la marge en prétextant que sans un accord universel, rien ne sert de s'engager pleinement dans le combat. Ces postures sont celles tenues par l'ensemble des dirigeants aujourd'hui, alors même qu'elles portent atteinte à des dizaines de millions d'individus sur la planète et nous mènent droit au suicide collectif.

Pourtant, nous l'avons montré dans ce livre, les solutions existent et elles n'exigent pas d'attendre qu'un accord sur le climat accouche d'une COP pour les appliquer. Le dérèglement climatique n'est donc pas une fatalité et nous avons les moyens de tenir l'objectif de 2 °C d'ici à 2100. Ce n'est, en réalité, qu'une question de choix. Si nous choisissons de nous enfermer dans le conformisme, alors la bataille est perdue. Nous l'avons vu, le conformisme mène au mieux à l'hypocrisie climatique et au pire au simple déni. Relever le défi climatique demande du courage et en premier lieu celui de concevoir qu'un autre paradigme économique et social est possible. Nous ne le répéterons jamais assez : nous avons les moyens d'entamer ce changement, il ne manque que la volonté politique.

La lutte contre le réchauffement climatique ne s'arrête pas au COP et est un combat de tous les jours qui doit être mené dans de nombreuses instances de négociation et par tous les acteurs et citoyens. Des millions d'entre eux – des pays riches comme des pays pauvres – se sont engagés dans ce combat à travers le monde. La COP 21 à Paris va être un moment où les projecteurs seront braqués sur les questions climatiques, mobilisons-nous et montrons à nos dirigeants, avant qu'il ne soit définitivement trop tard, que nous voulons un autre futur pour nos enfants.

Mots-clés

Carbone ou équivalent carbone : Les gaz à effet de serre ont des durées de vie dans l'atmosphère et des puissances de réchauffement différentes. Afin de mesurer l'impact global de tous les gaz à effet de serre, les scientifiques les convertissent tous en dioxyde de carbone (équivalent CO_2). Nous parlons ainsi d'émissions carbone ou d'équivalent carbone pour évoquer l'ensemble des émissions de gaz à effet de serre.

CCNUCC : La Convention cadre des Nations unies sur les changements climatiques est la convention internationale élaborée en 1992 au Sommet de la Terre et aujourd'hui signée par 196 parties. Elle constitue le cadre des négociations internationales sur le climat et fixe comme objectif principal pour la communauté internationale de stabiliser les émissions de gaz à effet de serre afin d'éviter l'emballement des changements climatiques.

Changements climatiques : Phénomènes naturels qui résultent de nombreux facteurs physiques sur la Terre, dont l'effet de serre. Ces phénomènes naturels sont aussi appelés dérèglements ou réchauffements climatiques. Le climat et son évolution se mesurent dans la durée et non pas au quotidien. Ainsi le climat ne correspond pas à la météo.

COP (CDP) : La *Conference of the Parties* (la « Conférence des parties ») correspond aux deux semaines de négociations annuelles sur les changements climatiques dans le cadre de l'Organisation des Nations unies. La COP réunit les 195 États et un organisme régional (soit 196 parties) signataires de la Convention cadre des Nations unies sur les changements climatiques (CCNUCC). Fin 2015 se tiendra la 21e COP sous la présidence de la France.

Effet de serre : Un phénomène naturel qui résulte de l'interaction entre l'atmosphère et les flux thermiques arrivant et provenant de la Terre. L'effet de serre permet à l'atmosphère de retenir de la chaleur provenant du Soleil et renvoyée par la Terre. Sans l'effet de serre, la température à la surface du globe serait de -18 °C en moyenne. Cependant, l'activité humaine contribue également à l'effet de serre à cause d'émissions de gaz à effet de serre. Celles-ci ont fortement augmenté depuis la révolution industrielle.

Gaz à effet de serre : Gaz qui contribuent à l'effet de serre. Les principaux gaz à effet de serre sont la vapeur d'eau, le dioxyde de carbone, le méthane, le protoxyde d'azote, l'ozone et les hydrocarbures halogénés. Les cinq premiers existent naturellement dans l'atmosphère. Cependant, le dioxyde de carbone, le méthane et le protoxyde d'azote, ainsi que les hydrocarbures halogénés sont fortement émis par les activités humaines industrielles ou agricoles.

GIEC : Le Groupe d'experts intergouvernemental sur l'évolution du climat. Fondé en 1987 par le Programme des Nations unies pour l'environnement et l'Organisation mondiale de la météorologie, ce groupe rassemble plus de 2 000 scientifiques du monde entier, dont 800 auteurs principaux, pour faire de la recherche collaborative et publier des rapports sur l'évolution du climat, ses causes et ses conséquences. Le GIEC a finalisé son 5e rapport fin 2014, constatant que les changements climatiques que nous connaissons sont fortement provoqués par les activités humaines, avec une certitude de 95 %.

Remerciements

Henri Landes :

Je dédie ce livre aux CliMates et aux membres du Réseau français des étudiants pour le développement durable et remercie particulièrement Florent Baarsch, Astrid Barthélemy, Nicolas Benvegnu, Antonin Briard, Louisa Casson, Marianne Greenwood, Margot Le Guen, Johann Margulies , Marguerite Culot, Mélina Longpré et Thomas Spencer.

Thomas Porcher :

Mes remerciements vont à Sarah Salesse, Simon Porcher, Raphaël Homayoun Boroumand, Stéphane Goutte et Frédéric Farah pour leur relecture exigeante et leurs précieux conseils.

Table des matières

Composition :
L'atelier des glyphes

Achevé d'imprimer en Lituanie
par Standartu Spaustuvé à Vilnius
en octobre 2015